Eight Days in a Gum Tree

Ocho días en un árbol de goma

Pat Bond

ISBN 979-8-88851-865-6 (Paperback)
ISBN 979-8-88851-867-0 (Hardcover)
ISBN 979-8-88851-866-3 (Digital)

Copyright © 2024 Pat Bond
All rights reserved
First Edition

All rights reserved. No part of this publication may be reproduced, distributed, or transmitted in any form or by any means, including photocopying, recording, or other electronic or mechanical methods without the prior written permission of the publisher. For permission requests, solicit the publisher via the address below.

Covenant Books
11661 Hwy 707
Murrells Inlet, SC 29576
www.covenantbooks.com

I dedicate this book to Eddie Morrison, who frequently reminds me that I am fearfully and wonderfully made. To my friends Sharon and Carlos Perez, who took my Spanish translation and made it perfect, putting up with me graciously and willingly. To my friends who cared enough to stop their lives to help an animal.

Dedico este libro a Eddie Morrison, quien con frecuencia me recuerda que estoy hecho de manera maravillosa y aterradora. A mis amigos Sharon y Carlos Pérez, quienes tomaron mi traducción al español y la hicieron perfecta, soportándome con gentileza y disposición.

A mis amigos que se preocuparon lo suficiente como para detener sus vidas para ayudar a un animal.

Introduction

Clarence Thomas was born in the spring of 2013. He was one of 5 kittens who lost their mom and dad when they were 3 days old. At the same time, there was another litter of 4 kittens who lost their mom and dad. It was a very sad day. All 9 kittens would have died because they had no way to eat and drink and grow, but some kind people helped them find their way to Ruby Jane Rescue, a part of Adopt an Angel. At Ruby Jane Rescue, orphan kittens are bottle-fed, cleaned, given vitamins and medicine, and loved so that they can grow big and strong.

All 9 kittens were very smart, and some visitors at Ruby Jane Rescue suggested that the kittens be given names like the United States Supreme Court Justices until their forever families renamed them. The kittens were named John Roberts, Antonin Scalia, Elena Kagan, Sonia Sotomayor, Ruth Bader Ginsburg, Stephen Breyer, Clarence Thomas, Samuel Alito, and Anthony Kennedy. During the next 10 weeks, all the kittens grew healthy and strong, but Clarence Thomas was the biggest kitten of them all. All the kittens were adopted into loving homes except for Clarence Thomas. Clarence spent more time at Ruby Jane Rescue than all the other kittens. He got to be best friends with Blake, the dog. Clarence Thomas went to every adoption fair week after week, and no family selected him to be adopted. Finally, after another weekend of going to adoption fairs and being rejected, the people at Ruby Jane Rescue decided to adopt him and give him a home with Blake, the dog.

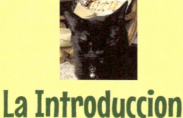

La Introduccion

Clarence Thomas nació en la primavera de 2013. Fue uno de los 5 gatitos que perdieron su mamá y papá cuando tenían 3 días de edad. Al mismo tiempo, había otra camada de 4 gatitos que perdieron a su mamá y papá. Fue un día muy triste. Los 9 gatitos habrían muerto. porque no tenían forma de comer, beber y crecer, pero algunas personas amables los ayudaron a encontrar su camino a Ruby Jane Rescue, una parte de Adopt an Angel. En Ruby Jane Rescue, los gatitos huérfanos son alimentados con biberón, limpiados provistos de vitaminas y medicinas y amados para que puedan crecer grandes y fuertes.

Los 9 gatitos eran muy inteligentes y algunos visitantes de Ruby Jane Rescue sugirieron que los a los gatitos se les diera nombres como los jueces de la Corte Suprema de los Estados Unidos hasta que sus familias eternas eternas les cambiarán el nombre. Los gatitos se llamaban John Roberts, Antonin Scalia, Elena Kagan, Sonja Sotomayore. Ruth Bader Ginsburg, Stephen Breyer, Clarence Thomas, Samuel Alito y Antonio Kennedy. Durante las siguientes 10 semanas, todos los gatitos crecieron sanos y fuertes, pero Clarence Thomas era el gatito más grande de todos. Todos los los gatitos fueron adoptados por hogares amorosos con excepción de Clarence Thomas. Clarence pasó más tiempo en Ruby Jane Rescue que todos los demás. gatitos. Llegó a ser el mejor amigo de Blake, el perro. Clarence Thomas fue a todas las Ferias de adopción, semana tras semana y ninguna familia lo seleccionó para ser adoptado. Finalmente, después de otro fin de semana de ir a ferias de adopción y ser rechazado, la gente de Ruby Jane Rescue decidió adoptarlo y darle un hogar con Blake, el perro.

Autobiographical Account of Events by Clarence Thomas

Day 1

My story begins by telling you about the wonderful life I have. My Mom allowed me to be a house cat and play with my best friend, dog Blake, all the time. I took that comfort for granted for many years until late one summer when I almost lost my home and my life.

Relato autobiográfico de eventos de Clarence Thomas

Día 1

Mi historia comienza contándote la maravillosa vida que tengo. mi mama permite que sea un gato doméstico y juegue con mi mejor amigo, el perro Blake, todo el tiempo. Tomé mi vida buena por muchos años hasta finales de un verano cuando casi pierdo mi hogar y mi vida.

I had a habit of following Blake out into the yard every morning. Blake would play and pee in the bushes while I smell the fragrances in the garden and checked on my cat friend who lived next door, Paris. Paris shared her cat food with me in her gazebo.

Tenía la costumbre de seguir a Blake al jardín todas las mañanas. Blake jugaba y orinaba mientras yo olía las fragancias en el jardín y visitaba a mi gato amigo, París que vivía al lado.
Paris compartia la comida para gatos conmigo en su glorieta.

One Friday, all of that changed. I went next door to see her, and she was not there. Instead, there were two large loud furry dogs, Simba and Brother, who disliked cats and wanted to eat me. I ran for my life up the big gum tree until I got to a huge limb way up high in the tree. My heart was racing! I could still smell dog breath. I heard the dogs talking about me.

Un viernes, todo eso cambió. Fui a la puerta de al lado a verla y ella no estaba allí. En cambio, había dos perros grandes, ruidosos y peludos, Simba y Brother, a quienes no les gustaban los gatos y querían comerme. Corrí para salvar mi vida trepando por el gran árbol de goma hasta que llegué a una rama enorme muy arriba alto en el árbol. ¡Mi corazón estaba acelerado! Todavía podía oler el aliento del perro. Escuché a los perros hablando de mi.

SIMBA: This new house is really cool. Neither Mom nor Dad mentioned that we would have cats to chase. I wonder what cats taste like.

BROTHER: I bet they taste just like chicken. Whenever we ask what something tastes like, all they tell us is that it tastes like chicken. Someone once told me that if you swallow cat hair, your voice changes. I don't want to hurt them. I just want to chase them and the squirrels.

SIMBA: I want to see if cats taste like chicken.

Paris did not mention that she was moving, and I'm sure she didn't know that dogs were moving into her yard. Simba and Brother stayed in the yard all day. I did not have a chance to run home. Mom was calling for me, but I could not run across the yard.

Night came, and I was exhausted and afraid. I spent all night in the tree, and Simba and Brother spent all night sniffing my footsteps and looking for me.

Simba:. Esta nueva casa es realmente genial. Ni mamá ni papá mencionaron que nosotros tendríamos gatos para perseguir. Me pregunto a qué saben los gatos.

Brother:. Apuesto a que saben igual que el pollo. Cada vez que preguntamos a que sabe algo a, lo único que nos dicen es que sabe a pollo. Alguien me dijo una vez que si uno traga pelo de gato, tu voz cambia, No quiero lastimarlos, solamente quiero perseguir a ellos y a las ardillas.

Simba: Quiero ver si los gatos saben a pollo.

Paris no mencionó que se mudaría y estoy seguro de que no sabía que los perros se estaban mudando a su jardín. Simba y Brother se quedaron en el patio todo el día. Yo no tuve la oportunidad de correr a casa. Mamá me estaba llamando pero no podía correr por el patio. Llegó la noche y yo estaba exhausto y asustado. Pase toda la noche en el árbol y Simba y Brother pasaron toda la noche olfateando mis pasos y buscándome.

Day 2

Saturday morning came, and I woke up hungry, afraid, and exhausted. I never slept all night in a tree before last night. "Meeooow," I cried as long and as loud as I could. Blake heard me and barked as close to the tree as he could get through the fence. Mom could hear me, but she could not see me. Mom looked at the tree for a long time, but she did not find me in the tree. I looked in the tree for something to eat, but I didn't find any cat food. All that I found to eat were crunchy water-filled bugs. I found some green moss on the tree, and I ate that.

Dia 2

Llegó el sábado por la mañana y me desperté con hambre, miedo, y estaba muy cansado. Nunca había dormido en un árbol antes de anoche. "Miauuuu", lloré tanto tiempo y tan fuerte como pude. Blake me oyó y ladró lo más cercano posible al árbol a través de la cerca. Mamá podía oírme, pero no podía verme. Mamá miró el árbol un buen rato, pero no me encontró. Busqué algo de comer en el árbol; pero no pude encontrar comida para gatos. Encontré un musgo verde y me lo comí, junto con unos bichos crujientes y llenos de agua.

Off and on all day, Mom kept calling for me to come home. Could I be brave and come down out of the tree? Who was faster running across the yard? Me? Dogs? Mom's voice sounded like she was worried, I know that Mom would never give up on me. I looked in the yard. There were no dogs in the gazebo, no dogs at the base of the tree, and no dogs at the back of the house. I wanted to go home. I was going to climb down the tree. Oh no! The dogs were back! I went back up the tree! There would be another meal of bugs and tree bark. I saw Mom calling my name with a can of cat food in her hand.

A lo largo del día, mamá me llamaba para que volviera a casa. ¿Puedo ser valiente? ¿Podría bajarme del árbol? ¿Quién es más rápido corriendo por el patio, yo o los perros? La voz de mamá se escuchaba como que estaba preocupada. Yo sé que mamá nunca dudaría de mí. Busqué por el patio. Los perros estaban en la glorieta, no los vi por la base del árbol y tampoco detrás de la casa. Ya quiero ir a casa y voy a bajar del árbol. ¡Oh, no! ¡Los perros volvieron! ¡Subí al árbol otra vez! Habrá otra comida de bichos y corteza de árbol. Veo a mamá llamando mi nombre con una lata de comida de gato en su mano.

MOM: Clarence, baby. Please come out of the tree. I have your favorite cat food, seafood medley. Blake and Snowbelle the cat want you to come home. If you are stuck somewhere, cry so that I can detect where you are. I love you, and I will not stop looking for you. Please come home.

I wanted to go home, but I was afraid. Mom would find a solution to this problem. She had friends that will help her. Always, Mom said that there is a plan. Just we don't always know what the plan is yet.

MAMÁ: Clarence hijo mío. Por favor, bájate del árbol. Tengo tu comida favorita para gatos, mariscos variados. Blake y Snowbelle, la otra gata, quieren que vuelvas a casa. Si estás atrapado en algún lugar, llora y grita para que pueda detectar dónde estás. Te amo y no dejaré de buscarte. Por favor vente para la casa.

Mamá encontrará una solución a este problema. Ella tiene amigos que la ayudarán. Simplemente, no siempre sabemos cuál es el plan todavía.

After dark, I had a visit from the neighborhood owl. Owls are very smart and this owl knew that I would be hungry, being in this tree for so long. When he flew into the tree for his visit, he brought me a rat he caught.

Owl: Clarence, you are making a lot of noise up here. I see your problem with these new frisky dogs. I brought you this rat. It was left over from my dinner with my kids. Captured today. Fresh! You will be home soon. Your Mom or her friends will figure this out soon.

What a thoughtful gift! Immediately, I ate it and thanked him profusely. He didn't have a solution to my dilemma, since if he was in this situation, he would just fly out of the tree. He knew that Mom was worried, and she had friends who would help her get me home. He said that it would not be long until I would be home, and then he flew away. I settled down for another long night.

Después del anochecer, recibí la visita de la lechuza del vecindario. Las lechuzas son muy inteligentes y esta lechuza sabía que yo tendría hambre por estar en este árbol tanto tiempo. Cuando voló hacia el árbol a visitarme, me trajo un ratoncito que había atrapado.

LECHUZA: Clarence, estás haciendo mucho ruido aquí arriba. Veo tu problema con estos nuevos perros juguetones. Te traje este ratoncito, Me sobró de mi cena con mis hijos y justo lo capturé hoy, fresco! Pronto estarás en casa. Tarde o temprano tu mamá y tus amigos resolverán esto.

¡Qué regalo tan considerado! Sin demora, me lo comí y se lo agradecí efusivamente. El no tenía solución para mi dilema, ya que si él estuviera en esta situación, simplemente saldría volando del árbol. Él sabe que mamá está preocupada y tiene amigos que la ayudarán a llevarme a casa. Dijo que no pasará mucho tiempo para que vuelva a estar en casa y luego se fue volando. Me acomodé para pasar otra larga noche en el árbol.

Day 3

Sunday morning, I was missing my home and family very much. "Meeooow." I wanted my Mom. Always, Mom would say that there is a plan. Sometimes it would take a long time before we figure out the plan. I wanted this plan to be over.

Simba and Brother were back, pawing at the bottom of the tree, barking, barking! Mom saw me in the tree and asked the dog's parents if they could put the dogs in the house. The dogs were in the house, and there were neighbors coming into the yard with ladders.

NEIGHBOR MURRAY: Clarence must be tired and hungry. I'm sure he will come to me. He's a desperate cat!

LADY NEIGHBOR: Desperation has nothing to do with cat behavior. The cat's mom is too sick to climb the tree, and Clarence doesn't know you. Your attempt to rescue this cat is doomed.

Es domingo por la mañana extraño mucho a mi hogar y a mi familia. "Miauuuuu". Quiero a mi Mamá. Ella siempre dice que hay un plan. A veces toma mucho tiempo antes de que podamos saber de qué se trata el plan, pero quiero que este plan ocurra ya de una vez por todas. ¡Simba y Brother están de vuelta, rascando la base del árbol, ladrando, ladrando! Mamá me vio en el árbol y les preguntó a los padres de los perros si los podían meter dentro de su casa. Ahora que los perros están en su casa, los vecinos están llegando al patio con unas escaleras.

Vecino Murray: Clarence debe estar cansado y hambriento. Estoy seguro de que vendrá a mí.¡Él es un gato desesperado!

Señora Vecina: La desesperación no tiene nada que ver con el comportamiento del gato. La mamá del gato también está muy enferma para subir al árbol y Clarence no te conoce. Tu intento de rescatar a este gato ya está condenado a fracasar.

NEIGHBOR MURRAY: You can help by having a positive attitude. Please hold this
ladder.

The biggest ladder reached the first big divide in the tree. Murray the
neighbor was climbing the ladder and calling my name. I've seen this neighbor
walking dogs so I know he had dog sympathy. Could he be trusted? He had
a loop leash in his back pocket. I hope he won't try to hang me. He put a cat
kennel at the base of the tree. Mom and the neighbors were calling my name
and telling me to go to the man to be rescued. He climbed a ladder, and he was
sitting on the first big divided branch in the tree. He was moving along the tree
branch coming closer to me. If he caught me, he might throw me out of the tree
and hurt me. He lost his balance on the branch, but he caught himself and did
not fall. He shook the tree.

Vecino Murray: Puedes ayudar teniendo una actitud positiva. Por favor, sostén
esta escalera.

La escalera más grande alcanzó la primera división grande en el árbol.
Murray, el vecino, está subiendo la escalera y llamándome. Yo he visto a este
vecino paseando a sus perros, sé que simpatizaba con los perros. ¿Se puede
confiar en él? Él tiene una correa en su bolsillo trasero. Espero que no quiera
ahorcarme con ella. Puso una casita de gatos en la base del árbol. Mamá y los
vecinos me estaban llamando y diciéndome que fuera hacia el hombre para que
me rescatara. El subió la escalera y se sentó en la primera rama dividida en el
árbol. Está escalando la rama hacia mí. Si me logra atrapar, tal vez me tire del
árbol y me lastime. Él estaba perdiendo el balance en la rama pero se agarró a
ella y no cayó. Sacudió el árbol.

NEIGHBOR MURRAY: It's not too far for you to fall! I'll shake the tree so that you can fall and then you can run home! Cooperate with my plan!

I became afraid. I climbed higher in the tree. He's leaving. That didn't last long. Blake was still barking. Mom was calling me and crying. The neighbors were talking about the next steps and how they could help me. It was hot in the tree and it was getting dark. A lizard came too close to me, and I ate him, and I ate more tree moss, but that was it for my food. I'd spend another night in the tree. I missed my Mom and my home.

Vecino Murray: ¡No falta mucho para que te caigas! ¡Sacudiré el árbol para que te caigas y entonces podrás correr a casa! ¡Coopera con mi plan!

Me asusté. Subí más alto en el árbol y él se fue. Eso no duró mucho. Blake está ladrando, Mamá me llamaba y lloraba por mí. Los vecinos están hablando de los próximos pasos de cómo pueden ayudarme. Hace mucho calor aquí y está oscureciendo. Una lagartija se me acercó mucho y me la comí. Luego, comí más musgo, pero eso fue todo para mi cena. Pasaré otra noche en el árbol. Extraño a mi mamá y mi casa.

Day 4

It was Monday morning, and it was going to be another hot day. Mom was up early calling me to come home. I meowed back to her so that she knew that I was okay. Mom loves me and wondered what the rest of the plan was going to be. I heard her talking to other friends and neighbors about working on another plan. Something about heavy equipment was being discussed.

Día 4

Ahora es lunes por la mañana y va a ser un día caluroso. Mamá se levantó temprano y me llamó para que viniera a la casa. Le maullé para que supiera que estaba bien. Mamá me ama y se pregunta qué diablos el resto del plan va a ser. La escucho hablar con otros amigos y vecinos sobre el plan. Están discutiendo sobre el uso del equipo pesado de un amigo de mamá.

MOM'S FRIEND MATT: I can get a boom crane out here. There is enough room between the two houses to position the truck and cab. The biggest boom I have will not reach the top of the tree, but it will come close. I can have it here in about an hour.

Were they going to cut the tree down? None of this sounded good. Now there was a lot of really loud noise coming from the street. One friend said something about a boom truck. Was this the plan we have been waiting for? All of a sudden, I saw a mechanical dragon coming toward the yard and the tree. It had rolling legs coming across the grass and a head and neck that got bigger and taller. They let a man crawl into the head, and the man was getting closer to me.

Matt (un amigo de mamá): Puedo conseguir y traer una grúa de pluma aquí. Hay suficiente espacio entre las dos casas para ubicar el camión y la cabina. La pluma más grande que tengo no llegará a la copa del árbol pero se acercará. Puedo tenerla aquí en aproximadamente una hora.

¿Van a talar el árbol? Nada de esto suena bien. Ahora, hay un montón de ruidos muy fuertes procedentes de la calle. Un amigo dijo algo sobre un camión-grúa. Es esto el plan que hemos estado esperando? De repente, vi un dragón mecánico que venía hacia el jardín y el árbol. Tenía piernas rodantes que cruzaban la hierba y una cabeza y un cuello aún más grande y más alto. El dragón deja que un hombre se meta en su cabeza y se me empieza a acercar.

The man got very close to me, and I thought that I was going to be rescued, but then there was a very loud noise, and people screamed. I heard Mom scream some more! I was afraid, and I ran up to the top of the tree and hung onto the top branches so that the dragon could not get me. My body shook with fear, and my fur stood on end. The dragon was not big enough to reach for me and get me. I was safe from the dragon. The dragon left the neighborhood, and the neighbors went home. Mom went back into the house very sad.

El hombre se acercó mucho a mí y pensé que me iban a rescatar, pero luego oí un ruido muy fuerte y la gente gritaba. ¡Escuché a mamá gritar un poco más! yo tenía miedo y yo subí hasta la copa del árbol y me colgué de las ramas superiores para que el dragón no pudiera alcanzarme. Mi cuerpo tembló de miedo y mi piel se erizó. El dragón no es lo suficientemente grande para alcanzarme. Estoy a salvo del dragón. El dragón se fue del barrio y los vecinos fueron a sus casas. Mamá volvió a casa muy triste.

Later that night, some herons decided to spend the night in the gum tree. They brought me a gift. It was a small mullet fish. I was grateful, and I ate it immediately. It tasted fresh and good. The herons told me that there will be a plan to get me out of the tree. Love always finds a way.

Más tarde esa noche, algunas garzas decidieron pasar la noche en el árbol de goma. Me trajeron un regalo. Era un pequeño pez salmonete. Estaba agradecido y me lo comí de inmediato. Tenía muy buen sabor. Las garzas me dijeron que había un plan para bajarme del árbol. El amor siempre encuentra un camino.

Day 5

Sleeping in a tree is not easy. I was very tired, hungry, and hot, and I want to go home and be with Mom and Blake. It was Tuesday, and I was beginning to believe that there was no plan and that I was going to die in this tree. Last night, I was glad that the herons decided to spend the night in the gum tree. They were so gracious to share a mullet fish with me.

HERON SONG: Mullet are not friends of mine. They're mushy, and they have no spine. They're fatty and fleshy and stink when hot. But sometimes that was all I got.

Never would I believe that I would get love from big birds. The dogs, Simba and Brother, were awake and barking at the gum tree early. I was singing my meow early, and Blake was answering me with his bark. Mom was calling me to come out of the tree, and several neighbors stopped by to see if they could make a difference in this situation.

Dia 5

Dormir en un árbol no es fácil. Estoy muy cansado, hambriento, tengo mucho calor y quiero irme a casa para estar con mi mamá y Blake. Ya es martes y empiezo a creer que no hay plan y voy a morir en este árbol. Anoche me alegré de que las garzas decidieron pasar la noche en el árbol de goma, fueron tan amables de compartir un pescado salmonete conmigo.

Canción de la garza: Amistad con salmonetes no encontraré. Sin columna vertebral, su cuerpo es, lo sé. Grasosos, carnosos, con el calor apestan. Pero, a veces, es todo lo que habrá.

Nunca hubiera creído que obtuviera amor de unos pájaros, así de grandes. Los perros, Simba y Brother, estaban despiertos y ladrándole al árbol de goma desde muy temprano. Yo también estaba maullando más temprano y Blake me respondía con sus ladridos. Mamá me estaba llamando para que saliera del árbol y varios vecinos pararon para ver si podían ayudar.

Mom's art teacher friend visited the gum tree. She tried to get the fire department to come to the gum tree and get me out of the tree.

FIRE DEPARTMENT: Lady, we don't save cats out of trees anymore.

The art teacher wondered if spraying a garden hose up the tree would entice me to come down the tree. The art teacher and Mom went looking for garden hoses. They strung hoses from Mom's house across the fence to the gum tree. They found a pressure hose nozzle and attached it to the end of the hose. Mom was fearful that if I fell out of the tree, I would be hurt. They got a sheet and found four neighbors to help, and they stretched the sheet across a large area under the tree so that I would fall into the sheet instead of the hard ground. Everything was in place! Here went the test.

Una amiga de mi mamá que es maestra de arte me vino a visitar al árbol de goma. Trató que el departamento de bomberos viniera al árbol y me bajaran de allí.

Bomberos: Señora, ya no rescatamos a los gatos de los árboles.

La maestra de arte pensaba que rociar el árbol con una manguera de jardín me incitaría a bajarme del árbol. Así que ella y mamá fueron a buscar mangueras de jardín. Conectaron mangueras de la casa de mamá a través de la cerca, hasta llegar al árbol. Encontraron una boquilla de presión y la conectaron a la manguera. Mamá tenía miedo de que, si me caía del árbol, me lastimara. Trajeron una sábana y vinieron cuatro vecinos para ayudar y estiraron la sábana sobre un área grande debajo del árbol para que yo cayera en la sábana en lugar del suelo duro. ¡Todo está en su lugar! Aquí va la prueba. ¡Aquí voy yo!

The art teacher aimed the garden hose in my direction up the tree. There was not enough pressure in the hose to reach where I was in the tree. Water from the hose fell on the art teacher and the volunteers holding the sheet that I may have dropped in. I heard Mom say that she didn't think this was the plan that they were hoping for. If I wasn't so tired, it would have been a funny site. Everyone was very disappointed that this attempt did not meet with success. No one was more disappointed than me.

I'd spend another night in the gum tree. I want to go home badly.

La maestra de arte apunta la manguera del jardín en mi dirección hacia arriba, pero no hay suficiente presión en la manguera para llegar a donde estoy en el árbol. El agua de la manguera cayó sobre la maestra y los voluntarios que sostenían la sábana de mi rescate. Escuché a mamá decir que ella no pensaba que era el plan correcto. Si yo no hubiera estado tan cansado, tal vez sería un espectáculo más divertido. Todos estaban muy decepcionados de que este intento no pudo obtener éxito, pero nadie estaba más decepcionado que yo.

Pasaré otra noche en el árbol de goma. Tengo muchas ganas de irme a casa.

Day 6

With every day that I stayed in the tree, I get weaker and more hungry. Every morning, I heard Mom call me and Blake bark for me, and every morning, I wanted to run to their protection, but I was afraid that Simba and Brother would try to eat me. When were we going to see this plan Mom was talking about? I overheard Mom and Ms Carolyn, the art teacher, talking that today they were going to have a real rocket scientist use math and get me out of the tree. I'm sorry, but I don't know anything about math.

The rocket scientist came to the gum tree area with ropes, climbing equipment, pulleys, pencils, a clipboard, and a cell phone.

Día 6

Con cada día que permanezco en el árbol me pongo más débil y más hambriento. Cada mañana, escucho a Mamá llamándome y Blake me ladra y todas las mañanas quiero correr para estar con ella y tener su protección, pero tengo miedo de que Simba y Brother intenten comerme.

¿Cuándo vamos a ver este plan del que tanto habla mi mamá? Escuché a mamá y a la Sra. Carolyn, la maestra de arte, decir que hoy iban a traer a un científico de cohetes espaciales que usará las matemáticas para sacarme del árbol. Lo siento, pero no sé. No sé nada de matemáticas. El científico espacial llegó al área del árbol de goma con cuerdas, un equipo para escalar, poleas, lápices, un portapapeles y un celular.

Rocket Scientist: Here's my plan. I have a cat, and I know how fast they can jump and run. We'll call that factor *X*. I'll measure how far up the tree he sits from the ground, and we'll call that factor *Y*. Then I'll measure how far away I am from Clarence when I throw ropes from the tree. That will be *a+b/*speed of throwing the rope.

El científico dijo: Este es mi plan. Tengo un gato y sé lo rápido que pueden saltar y correr. A esto lo llamaremos el Factor X. Mediré qué tan alto está en el árbol desde el suelo y a esto lo llamaremos el Factor Y. Luego, veremos qué tan lejos estoy de Clarence cuando arroje cuerdas desde el árbol. Es decir, A más B sobre la velocidad de tirar la cuerda.

The rocket scientist flung ropes and pulled over some of the branches and pulled himself up into the trees. Then he wrote something on his clipboard, made some calculations, flung more ropes up into the tree, and used them to get higher in the tree. He was closer to me than anyone else had gotten, but he wasn't close enough that he could reach me, or I could jump into his arms. He told me that he has a cat, and he really wanted to get me out of the tree, and now he was sad. I know that he tried his best, but math didn't get me out of the gum tree.

It was going to be another long, hot, lonely, and hungry night.

El científico espacial arrojó las cuerdas y tiró de algunas de las ramas y se subió al árbol. Luego anotó algo en su portapapeles, hizo algunos cálculos y arrojó cuerdas en el árbol y las usó para subir más alto todavía. Él estaba más cerca de mí que cualquier otra persona anteriormente pero no estaba lo suficientemente cerca como para poder alcanzarme o para yo poder saltar a sus brazos. Me dijo que tiene un gato y que realmente quería sacarme del árbol, por lo que se puso triste. Yo sé que hizo todo lo posible, pero las matemáticas no me sacaron del árbol de goma.

Iba a ser otra larga, calurosa, solitaria y hambrienta noche.

Day 7

Friday was the seventh day in the gum tree. It was very hot, and the breeze that we had in the gum tree for a week stopped. The leaves in the tree were not moving much that day.

About midday, a nice young man named Jackson appeared in the yard where the tree was located. Mom was in the yard trying to talk me into coming down. The young man told Mom and the neighbors that he was very good at throwing a ball, and he thought he could throw the ball hard enough to reach where I was in the tree, and he could get me to come out of the tree.

Día 7

El viernes fue mi séptimo día en el árbol de goma. Hacia mucho calor y la brisa que me acompañó en el árbol de goma a lo largo de la semana había parado. Las hojas del árbol no se movían mucho ese día.

Alrededor del mediodía, un joven simpático llamado Jackson, apareció en el jardín donde estaba el árbol. Mamá estaba en el patio tratando de convencerme de que bajara. El joven le dijo a Mamá y los vecinos que era muy bueno tirando una pelota y pensó que podía tirarla suficientemente fuerte como para llegar a donde yo estaba en el árbol, provocando que yo saliera del árbol.

JACKSON: I love cats, and I want to help you. I'm a very good ball player, and I believe I can hit the cat with a ball, and he would fall out of the tree.

MOM: Thank you for being so kind and thinking about Clarence Thomas. I'm concerned that if you hit him, you could hurt him. I'm sure he is weak and hungry.

JACKSON: I'll be as gentle as I can be.

Jackson: Me encantan los gatos y quiero ayudarte. Soy muy buen jugador de pelota y creo que puedo golpear al gato con una pelota y se caerá del árbol.

Mamá: Gracias por ser tan amable y pensar en Clarence Thomas. Estoy preocupada que si le pegas le puedes hacer daño. Estoy seguro de que está débil y hambriento.

Jackson: Seré tan cuidadoso como pueda.

Again, Mom was concerned that I would fall out of the tree and hurt myself so she found the sheet she used before when the art teacher tried to get me out of the tree, and she found four volunteers that would hold the four corners of the sheet. They held the sheet under the tree. The young man began to throw tennis balls at me: ten times… twenty times… fifty times… seventy-five times… one hundred times… one hundred ten times.

The young man gave up. His throws never got close to me in the tree. He told Mom that he was very sorry. When he said that, he had a tear in his eye. Mom was sad. I was sad.

Nuevamente mamá se preocupaba que me cayera del árbol y me lastimara, así que ella encontró la sabana que se usó antes cuando la maestra de arte trató de sacarme del árbol y encontró cuatro voluntarios que sujetarán las cuatro esquinas de la sábana. Mantenían la sábana debajo del árbol. El joven empezó a tirarme pelotas de tenis. Diez veces. veinte veces, cincuenta veces, setenta y cinco veces, cien veces, ciento diez veces.

El joven se dio por vencido. Sus lanzamientos nunca se acercaron a mí en el árbol. Le dijo a mamá que lo sentía mucho. Cuando dijo eso, tenía una lágrima en el ojo. Mamá estaba triste. Yo estaba triste.

That night I had another visitor, the local opossum. She brought me part of a cucumber and wanted to know when I planned to get out of her tree.

OPOSSUM: Clarence, I've heard you cry for seven days in this tree. I don't eat meat, but I'll share this cucumber I got out of Mr. Murray's garden.
CLARENCE: Thank you very much for the cucumber. Your thoughtfulness is greatly appreciated. I hope to be out of this tree soon. If the dogs were not here, I would have been home a week ago.

It was another miserable night in the gum tree.

Esa noche tuve otro visitante, la zarigüeya local. Élla me trajo parte de un pepino y quería saber cuándo yo planeaba salir de su árbol.

Zarigüeya: Clarence, Te he oído llorar durante 7 días en este árbol. Yo no como carne, pero quiero compartir este pepino que saqué del jardín del Sr. Murray.
Clarence: Muchas gracias por el pepino. Su consideración es muy apreciada. Espero estar fuera de este árbol pronto. Si los perros no estuvieran aquí, yo habría estado en casa hace una semana.

Fue otra noche miserable en el árbol de goma.

Day 8

Friday was a really hot day. Mom and Blake were out early calling for me, and I was calling back to them so that they would know that I was still in the tree. A friend came to the yard and told Mom to stay in the house. Mom wasn't feeling good. I must have been exceptionally loud in my meow cries because the neighbors had a special meeting about how to get me out of the gum tree.

Día 8

El viernes fue un día muy caluroso. Mamá y Blake salieron temprano llamándome y yo estaba maullando para que supieran que todavía estaba en el árbol. Un amigo vino al patio y le dijo a mamá que se quedara en la casa. Mamá no se siente bien. Debo haber sido excepcionalmente ruidoso con mis maullidos porque los vecinos tuvieron una reunión especial sobre cómo sacarme del árbol de goma.

One of the neighbors decided to call a news anchor who loves cats, Frances Weller. I found out after I got out of the tree that she knew my mom from many years ago. Could Ms. Weller help? All morning, there was no response from Ms. Weller. Lunchtime, no Ms. Weller. During midafternoon, there was a noise. It was Ms. Weller with some new friends. She brought a camera crew from WECT Channel 6 TV, and she brought friends from Seagate Tree Service. I hoped Ms Weller had the plan Mom kept talking about that will get me out of the tree. They were very noisy people. The three guys from Seagate Tree Service began to put on their bodies: climbing belts, boots with climbing cleats, ropes on their belts, and hard hats.

Uno de los vecinos decidió llamar a una presentadora de noticias que ama a los gatos. Se llama Frances Weller. ¿Podrá ayudarme la Sra. Weller? No pudimos comunicarnos con la Sra. Weller en toda la mañana. A la hora del almuerzo, nada de la Sra. Weller. A media tarde, ¿espera… y ese ruido? Es la Sra. Weller con algunos nuevos amigos. Ella trajo un equipo de cámaras de WECT Channel 6 TV y nos trajo unos amigos del servicio de árboles, Seagate. Espero que la Sra. Weller tenga el plan del que hablaba mi mamá. Son gente muy ruidosa. Los 3 individuos de Seagate comenzaron a ponerse cinturones de escalada, botas con tacos de metal y cascos para escalar el árbol.

One man was pointing at me.

TREE CLIMBER: I have a cat just like him!

SEAGATE TREE SERVICE: (*singing*) Hey, kitty kitty!

Ms. Weller was pointing to my house.

Ms. WELLER: Clarence's mom is not home, but I am going to see him get out of the gum tree *Now*! I have to be back at the studio because I have a news show at 5:00 p.m.

The men were climbing the tree

MEN: Hey, kitty kitty! Climb out on a tree limb.

The men were coming out on the limb to get me.

Ms. WELLER: Don't be afraid, Clarence. These men are friends.

Un hombre me señala y dice: Arborista: ¡Tengo un gato como él!

Arboristas de Seagate (cantando): "¡Hola, gatito, gatito!"

La Sra. Weller está señalando mi casa diciendo: "¡La mamá de Clarence no
está, pero yo me encargaré de verlo rescatado del árbol AHORA! Tengo
que volver al estudio porque tengo un programa de noticias a las 5 pm".

Los hombres empiezan a trepar al árbol diciendo "¡Oye gatito, gatito!
bájate de esa rama". Ahora los hombres están trepando la misma rama donde
estoy yo para atraparme

La Sra. Weller: "No tengas miedo, Clarence. Estos hombres son tus amigos".

The men were close. They had crazy expressions on their faces.

CLARENCE: I'm going to jump! Ooowweee! I'm on the ground.
Ms. WELLER: (*shouting*) Clarence, go home.

I ran for the backyard deck. Ms. Weller was running behind me. The tree experts were following Ms. Weller, and they were shouting.

TREE EXPERTS: Run, kitty, run. We want to get off work.

The news crew was running after Ms. Weller.

NEWS CREW: (*shouting*) Wait for us.

I reached the deck. Ms. Weller closed the screen door on the deck. I was home! I was safe! Ms. Weller was talking to Mom on the cell phone. Mom was on her way home from the doctor's office. I was so glad that I was home. Ms. Weller was the part of the plan that we were missing. I'm glad that she was willing to help. Her love forced me to be brave and leave the gum tree.

Los hombres están cerca. Tienen expresiones locas en sus rostros.

Clarence: "¡Voy a saltar! ¡Ooowweee! Estoy en el suelo".
La Sra. Weller está gritando. "Clarence, vete a casa".

Corrí hacia la terraza cubierta del patio trasero. La Sra. Weller corre detrás de mí. Los arboristas siguen a la Sra. Weller, gritando: "Corre gatito, corre. Queremos salir de trabajar".

El equipo de noticias corre detrás de la Sra. Weller gritando: Equipo de noticias: "Espéranos".

Llegué a la terraza. La Sra. Weller cerró la puerta mosquitera. ¡Estoy en casa! ¡Estoy a salvo! Sra. Weller está hablando con mamá por teléfono. Mamá está en camino a casa del consultorio médico. Estoy tan contento estar en casa. La Sra. Weller fue la parte del plan que nos faltaba. Me alegro de que ella estuviera dispuesta a ayudar. Su amor me dio la valentía para escapar del árbol de goma.

Epilogue

Ms. Weller and the news camera crew left my house after I was locked up on the enclosed deck. The tree service people left at the same time. Mom and Dad were home holding me and telling me that they love me very much. Blake was sniffing me all over saying the same thing in animal language.

Dad announced that we have to go to the vet's office immediately. Dr. Jaffee was waiting to examine me. Dr. Jaffee weighed me and examined me all over.

When I got home from the vet's office, I received my favorite food to eat and an extra comfortable bed. Those actions were a good display of love from my family, but the best love came from my family sticking by me and trying to bring me home regardless of how hard the task was to accomplish. My family never gave up on me. There was a plan. I love my family very much.

DR. JAFFEE: On Clarence's last visit, he weighed eighteen pounds, but today he weighs nine pounds. He looks really good for being in a gum tree for eight days. Clarence's paws are raw and his teeth are dirty. Later, he will have to have an extensive dental cleaning with extractions.

Epílogo

La Sra. Weller y el equipo de cámaras de noticias salieron de mi casa después de haberme encerrado. La gente del servicio de árboles se fue al mismo tiempo. Mamá y papá están en casa abrazándome y besándome y diciéndome lo mucho que me quieren. Blake me está olfateando por todas partes diciendo lo mismo en lenguaje de animales.

Papá anunció que tenemos que ir a la oficina del veterinario inmediatamente. Allí, el Dr. Jaffee estaba esperando para examinarme. El Dr. Jaffee me pesó y me revisó de patitas a cabeza.

Cuando llegué a casa después de ir a la oficina del veterinario, recibí mi comida favorita para comer y una cama extremadamente cómoda. Esas acciones fueron una buena muestra del amor de mi familia, pero el mejor amor que recibí de mi familia fue su apoyo constantemente para rescatarme por más difícil que fuera la tarea. Mi familia nunca se dio por vencida. Había un plan. Amo mucho a mi Familia.

Dr. Jaffee: En la última visita de Clarence, pesaba 18 libras, pero hoy apenas pesa 9 libras. Para haber estado en un árbol de goma durante 8 días no se va tan mal. Las patas de Clarence están en carne viva y sus dientes están sucios. Más tarde, tendrá que someterse a una extensa limpieza dental con extracciones.

About the Illustrator

Carolynn Pittroff is a North Carolina native who received her BFA in Design at the University of North Carolina at Greensboro. She specializes in all of the visual arts and has worked as a public school Art Instructor for the last 17 years. This is Carolynn's first project as a book illustrator. She began her own custom jewelry business called Earth & Alloy Designs in 2022. Carolynn has shown much of her work locally and has received many awards over the years for her accomplishments in art making as well as educating. She was named Brunswick County Schools Teacher of the Year in 2018. Carolynn has spent time at the Penland School of Arts and Crafts, and spends her free time traveling with her husband and 4 children.

Acerca del ilustrador

Carolynn Pittroff es nativa de Carolina del Norte y recibió su BFA en Diseño en la Universidad de Carolina del Norte en Greensboro. Se especializa en todas las artes visuales y ha trabajado como instructora de arte en una escuela pública durante los últimos 17 años. Este es el primer proyecto de Carolynn como ilustradora de libros. Comenzó su propio negocio de joyería personalizada llamado Earth & Alloy Designs en 2022. Carolynn ha mostrado gran parte de su trabajo a nivel local y ha recibido muchos premios a lo largo de los años por sus logros en la creación de arte y la educación. Fue nombrada Maestra del Año de las Escuelas del Condado de Brunswick en 2018. Carolynn ha pasado un tiempo en la Escuela de Artes y Oficios de Penland y pasa su tiempo libre viajando con su esposo y sus 4 hijos.

About the Author

Pat was born and raised in Baltimore, Maryland. She earned Bachelor Degrees from the University of Kansas in Human Development and Family Life and Psychology. She earned a Masters of Business Administration degree from Saginaw Valley State University. Pat is retired from CSX Transportation, Inc. and Lifetouch Church Directories and Portraits. She lives in Wilmington, NC. She enjoys being Captain of her offshore boat, fishing, animal rescue, sewing, singing in her church choir, and teaching 5th grade Sunday School. Pat is retired from careers that have nothing to do with writing Children's books. Her love of animals and her love for Children's education drove her to write about Clarence's adventures while she was recovering from an illness. Her heart was greatly warmed when her community, friends, and family rallied to help her precious cat. She wanted to share this love with others.

Sobre el Autor

Pat nació y creció en Baltimore, Maryland. Obtuvo una licenciatura de la Universidad de Kansas en Desarrollo Humano y Vida Familiar y Psicología. Obtuvo una Maestría en Administración de Empresas de la Universidad Estatal de Saginaw Valley. Pat está jubilada de CSX Transportation, Inc. y Lifetouch Church Directories and Portraits. Vive en Wilmington, Carolina del Norte. Le gusta ser capitana de su bote en alta mar, pescar, rescatar animales, coser, cantar en el coro de su iglesia y enseñar en la escuela dominical de quinto grado. Pat está retirada de carreras que no tienen nada que ver con escribir libros para niños. Su amor por los animales y su amor por la educación infantil la llevaron a escribir sobre las aventuras de Clarence mientras se recuperaba de una enfermedad. Su corazón se conmovió mucho cuando su comunidad, amigos y familiares se unieron para ayudar a su precioso gato. Quería compartir este amor con los demás.

Printed in the USA
CPSIA information can be obtained
at www.ICGtesting.com
CBHW061222280624
10639CB00118B/1106